NOUVELLE BIBLIOTHÈQUE JUNIOR

Catherine Grabowski

Le Duel avec le monstre

Cornelsen

I

Il est un héros. Il est fort et puissant. Il avance vite. Il va gagner.

Il tape sur trois touches, toujours les mêmes, toujours plus vite. Il avance, il court, il saute. Pour progresser, il utilise la main gauche, pour se servir de ses armes, la main droite. Sur le clavier de l'ordinateur, ses doigts crispés font presque mal. Il entre dans un char de l'armée et presse sur le code qui signifie « Action ». Le sang d'un soldat gicle en travers de l'écran, et dans le jeu, ce sang lui donne de la force.

Soudain, il se jette sur le monstre, le prend à la gorge, le secoue, lâche prise, retombe. Il ne l'a pas eu, alors il court pour reprendre des forces.

Il connaît tous les codes. Il est un héros. Il a déjà cinq armes, bientôt six. Avec la sixième arme, il va être encore plus fort, plus puissant, plus rapide.

Et il va tuer le monstre.

*

Il est un héros et un héros est toujours solitaire.

Personne ne lui donne la main quand il traverse la route, personne ne l'accompagne quand il saute d'un toit d'immeuble à un autre toit d'immeuble, personne n'étend les bras à côté de lui quand il plane au-dessus de la ville, la nuit.

Quand il est gravement blessé, quand ses forces de vie sont dangereusement atteintes, il presse sur « E » et utilise une arme spéciale : Des dizaines de piques sortent alors du sol et essaient d'empaler le monstre.

Il attend, plein d'espoir. Les piques surgissent, le monstre semble enfermé dans une cage. Il y a un petit décalage, et puis la cage s'évanouit, le monstre revient à l'attaque.

Il l'a raté, mais il va l'avoir.

*

Enzo est dans un désert, c'est comme un dépotoir plein de produits toxiques. Il avance dans le sable, entre les bidons d'essence et les carcasses de chars.

Il a coupé le son. Ses parents qui se font facilement du souci pour lui depuis l'accident ne doivent pas remarquer qu'Enzo est encore en train de jouer.

Il n'y a plus dans la chambre que la lumière orangée de l'écran. Elle éclaire le bureau, la boîte de céréales éventrée, le verre de lait, les cahiers d'école.

C'est un paysage d'apocalypse. Un paysage d'après la fin du monde. Il est dans un désert et il est seul.

Enzo vide son verre de lait et reprend les commandes.

II

Mon petit oiseau
A pris sa volée
A pris sa, à la volette
A pris sa, à la volette
A pris sa volée.

Odile chante. Elle chante dans la salle de bains. Elle chante dans sa voiture. Elle chante en traversant le parking de l'hôpital. Elle chante dans les couloirs blancs qui mènent à la chambre 220, elle chante devant le lit où Antonin est couché avec son visage d'ange.

Depuis qu'elle a lu quelque part qu'un homme s'était réveillé de son coma en entendant à la radio sa chanson préférée, Odile n'arrête plus de chanter.

Pendant qu'elle chante, son regard erre sur le lit trop grand pour un si petit enfant, la couverture trop rugueuse, les draps trop blancs.

Elle pense aux matins, quand Antonin faisait semblant de dormir pour ne pas aller à l'école. Elle l'appelait, il ne répondait pas. Alors elle se penchait sur son lit et lui faisait des chatouilles dans le cou. Il éclatait de rire, se tortillait dans tous les sens, se levait en riant.

Elle pense aussi aux fins d'après-midi, le samedi, quand elle allait chercher Antonin chez son copain Paul. Alertés par la sonnette, les deux enfants se cachaient dans l'appartement. Odile devait les chercher derrière les gros rideaux, dans le meuble de salle de bains, sous le lit des parents. Elle essayait de les faire rire pour que leur rire dévoile leur cachette. Cela marchait, assez souvent.

Maintenant aussi, Odile voudrait qu'Antonin sorte de sa drôle de cachette, alors, elle chante. Elle chante pour qu'un jour, il puisse rire à nouveau.

Est allé se mettre
Sur un oranger
Sur un o, à la volette
Sur un o, à la volette
Sur un oranger.

Des médecins discutent dans les couloirs, des infirmières entrent et sortent, le jour s'en va, Odile chante toujours. C'est comme si elle avait une pelote dans son ventre qu'elle déroule, déroule sans arrêt. La chanson est un long fil qui la relie à Antonin. C'est le cordon ombilical, par lequel elle va lui redonner la vie.

III

Enzo doit manger le monstre pour avoir en lui les gènes de ses victimes. S'il mange le monstre, les morts ne seront plus vraiment morts, ils vont vivre à nouveau en lui. S'il mange le monstre, il sera de nouveau Enzo et aussi un peu Antonin.

Il presse sur les flèches, à toute vitesse, il avance par bonds, dans toutes les directions. Il frappe cinq fois de toutes ses forces, toujours la même touche, mais il a réagi trop tard, déjà son image se décolore, il passe au rang des ombres, l'écran affiche le nombre de vies qui lui restent, plus que sept. Il est d'accord pour en jouer une nouvelle, alors il presse sur « O. K. ».

Le tableau des scores disparaît, le monstre est de nouveau là.

*

Dans le jeu, il suffit de courir pour recharger ses batteries, de sauter sur deux ou trois montagnes pour gagner une nouvelle énergie vitale... Mais dans la vie, l'énergie peut tout simplement s'en aller comme cela, on ne peut rien faire pour la retenir, elle file tout d'un coup entre les doigts, Enzo le sait, il en a fait l'expérience. C'est pour cela qu'il se méfie de la vie.

*

Dans le jeu, il a dix vies. Il peut en perdre, mais il peut aussi en gagner. Si le monstre le blesse, si les soldats le touchent, il en perd. Mais si c'est lui qui tue des soldats ou prend des chars, il en regagne.

Il est un héros.

*

Antonin aussi voulait être un héros.

Il avait l'âge où on rêve d'être policier, pompier ou chevalier. Sur l'aire de jeu, il adorait mettre l'extrémité de l'écharpe rouge un peu large que Mamie Mathilde lui avait tricotée dans le col de son anorak vert. L'écharpe flottait alors dans son dos comme une cape. Il était un héros qui voulait sauver la planète. Enzo pour l'embêter essayait de l'attraper par l'écharpe, Antonin s'enfuyait en criant et allait le narguer du haut du toboggan. Enzo avait parfois peur que dans le jeu, Antonin fasse une bêtise, qu'il tombe de la tour ou qu'il se blesse en grimpant sur la barrière du square, alors il ralentissait le pas et laissait Antonin s'échapper.

Zut ! Enzo n'a pas fait attention et le monstre en a profité pour l'attaquer par derrière. Il fait tournoyer Enzo au-dessus de lui et l'envoie culbuter au loin sur un tas de ferraille. Enzo sent que la tête lui tourne. Il observe comment le monde se décolore et disparaît. Encore une vie de fichu ! Une fenêtre s'ouvre sur l'écran de son ordinateur pour lui dire qu'il n'en a plus que six. Il la salue avec un gros coup de poing sur son bureau pendant que dans le couloir son père l'appelle : le repas est prêt.

IV

La branche était sèche
Et elle s'est cassée
Et elle s'est, à la volette
Et elle s'est, à la volette
Et elle s'est cassée.

Odile chante depuis le début de l'après-midi, elle n'a presque plus de salive, sa voix se brise comme la branche, au milieu de la chanson.

Elle fait une pause. Elle ouvre la bouteille thermos avec le bouillon que Vincent lui a préparé. Le liquide est brûlant et délicieux. Vincent a toujours été le cuisinier de la famille. Mais depuis l'accident, il soigne encore plus les plats qu'il leur prépare. Odile sent soudain une vague d'affection monter en elle. Elle aimerait que Vincent soit là, mais il vaut mieux qu'il reste près d'Enzo. Il gère le quotidien à l'arrière pendant qu'elle est au front. Il prépare le bouillon, met du beurre sur les sandwichs, fait griller les steaks. Il cuisine comme elle chante. Pour tisser des ponts. Pour ne pas se sentir inutile.

Mon petit oiseau,
Où t'es-tu blessé ?
Où t'es-tu, à la volette
Où t'es-tu, à la volette
Où t'es-tu blessé ?

Odile a fini le bouillon, elle prend le sandwich et mâche doucement. Elle reprend des forces.

Elle pense maintenant à Enzo. Il ne sort presque plus de la maison. Il ne va plus à l'école. Il refuse aussi d'aller voir la psychologue. Il monte dans le bus et redescend au bout de deux ou trois stations. Il rentre à la maison en disant qu'il a trop mal à la tête, qu'il ira une autre fois. Il refuse même de les accompagner quand elle va avec Vincent à l'hôpital le dimanche. Il les observe pendant qu'ils enfilent leurs manteaux. Il leur lance un rapide « saluez Antonin de ma part » et ferme la porte derrière eux. Dès qu'ils ont quitté l'immeuble, Odile en est sûre, Enzo allume son ordinateur et se plonge dans ce jeu vidéo *Le duel avec le monstre* dont elle a horreur mais qu'elle n'a pas réussi à lui interdire.

Je me suis cassé l'aile,
Et tordu le pied
Et tordu, à la volette

Et tordu, à la volette
Et tordu le pied.

Odile s'essuie la bouche, range la bouteille thermos dans son sac, se force à sourire, respire profondément et reprend sa chanson.

V

C'est reparti !

Enzo a bien mangé, il a débarrassé son assiette, puis il a marmonné qu'il avait encore des devoirs pour l'école et il est retourné dans sa chambre, à son ordinateur.

Maintenant il est sur le toit d'une station-service. De là, il voit, dans un bureau en face, une femme qui parle dans son téléphone portable. Avec son visage rond, ses grands yeux comme des billes et sa poitrine de rêve, elle ressemble à Annabelle. Ou alors c'est Annabelle, avec ses tee-shirts moulants, ses jupes ultra-courtes et ses décolletés qui ne cachent presque plus rien qui ressemble à une héroïne de jeux vidéo. Enzo s'en rend compte. Annabelle est une bombe sexuelle de quinze ans. Elle ne sauve personne, et elle fait gravement tourner la tête au super-héros.

Maintenant il le sait : elle est un danger pour la planète.

Enzo presse violemment plusieurs touches l'une après l'autre. Annabelle Croft est touchée et disparaît dans un nuage de fumée.

*

S'il est passé à côté du square ce jour-là, c'est parce qu'il suivait Annabelle en cachette.

C'était un jeu qu'il avait imaginé avec son copain Jean. Suivre Annabelle sans qu'elle ne le remarque pour voir si elle avait un amoureux.

C'était un jeu et en même temps, ce n'était pas un jeu. Annabelle avait la plus grosse poitrine du collège et disparaissait chaque jour très vite après les cours, on ne savait pas où.

Enzo était donc en mission : il ne fallait pas qu'elle le remarque.

Quand il est passé à côté du square, il n'a pas regardé du côté des jeux, pas vu la troupe des enfants avec leur maîtresse.

Il regardait loin au-dessus de leurs têtes le croisement où la queue de cheval blonde d'Annabelle allait bientôt disparaître.

Quand Antonin a crié son nom, Enzo a surtout eu peur qu'Annabelle l'entende aussi et qu'elle se retourne. Idiotement, il a pensé que s'il ne se retournait pas, elle ne se retournerait pas non plus. Alors il a ignoré Antonin et continué à suivre Annabelle.

Au croisement, il a traversé sans s'arrêter. Il n'a même pas remarqué la voiture qui arrivait.

Et puis, il a entendu le cri de la maîtresse, le bruit des freins, le choc sourd.

Il s'est retourné.

Sur la chaussée, à côté de la voiture, il y avait une boule de vêtements qui paraissait sans vie. Un anorak vert. Une écharpe rouge. Antonin.

*

Enzo n'a plus que cinq vies, mais il a gagné deux armes et le droit de voler.

Il est maintenant sur une tour, dans une ville moderne. En dessous, la métropole est monstrueuse, pleine d'autoroutes et de croisements. Sur sa tour, Enzo est en attente. Son regard plonge dans la ville. Il voit les cafés, les bureaux, les magasins, les piétons qui traversent la rue sur les passages cloutés. Des voitures, un bus et un camion de police attendent au feu rouge.

Il a une mission, il doit traverser rapidement la ville pour aller sur un terrain vague en périphérie qui a été contaminé par un virus. Il n'a rien à faire ici, sur cette tour, à surveiller ce croisement.

Pourtant, tout d'un coup, le héros se lance et Enzo bombarde. Il écrabouille les touches du clavier sous son index. Cela part tout seul, il tire sur les piétons innocents qui s'enfuient dans toutes les directions. Il avance en bondissant le long de l'avenue principale, les voitures sur son passage se mettent en travers, se retournent, prennent feu. Il est un gentil, mais il peut semer la panique dans le monde. Pourquoi pas ?

Juste comme cela, pour le plaisir, il tire sur l'ambulance. Pourquoi sauver les blessés quand on veut assassiner la terre entière ?

Le véhicule est touché, des flammes s'échappent de la carcasse. Des ambulanciers en sortent horrifiés et s'enfuient en courant dans toutes les directions. Sur leurs tout petits visages, on voit juste leurs bouches en forme de « O » pour un cri qu'on n'entend pas.

*

Enzo aussi, ce jour-là, a voulu crier, mais c'était comme si quelqu'un avait coupé le son. Rien ne sortait de sa bouche en forme de « O ».

Il a voulu mourir et recommencer la partie, mais aucune commande ne répondait plus et tout continuait, impossible d'arrêter, de presser sur « Reset », de repartir sur une nouvelle vie.

Il a couru vers le corps de son frère, mais une main s'est posée sur sa poitrine et l'a empêché de le prendre dans ses bras : « Ne le touche pas, il faut attendre les secours ! »

Il a voulu recommencer la partie, avec deux nouvelles vies d'un coup, une pour lui, et une pour Antonin. Mais il n'y avait pas de touche magique pour stopper ce jeu-là.

Enzo a dû tout vivre jusqu'au bout : la boule de vêtements inanimée, les yeux exorbités de la conductrice de la voiture, la maîtresse à genoux à côté du corps et appelant à l'aide, l'aide maternelle essayant d'entraîner le troupeau des enfants à l'écart de la chaussée, le passant en manteau noir enfin, qui tapait en tremblant le numéro des pompiers sur son portable.

*

Une première ambulance est arrivée qui a emmené Antonin. On a fait monter Enzo dans la deuxième. Il a balbutié le numéro de ses parents, mais c'était le faux, et il a fallu recommencer. Aucun code ne marchait plus. Le jeu implosait. Il a entendu une infirmière qui parlait d'état de choc, a senti qu'on lui enfonçait une piqûre dans le bras et a basculé.

*

Il était allongé dans l'ambulance. Il n'y avait toujours pas le son, mais il y avait la lumière des gyrophares et la vitesse du transport. C'est là qu'il a eu pour la première fois l'impression de voler. Voler. Voler vers Antonin. Voler dans un ciel où Antonin, peut-être, n'allait pas mourir.

VI

Odile reste à l'hôpital jusque tard dans la nuit. Elle chante toujours la même chanson. La mélodie est joyeuse et pleine d'espoir... mais au milieu de la strophe, soudain le texte trébuche sur un mot, le refrain commence à bégayer, on croit que le disque est rayé et que tout est perdu.

Au début, la voix d'Odile trébuchait avec brutalité comme sa vie avait trébuché quand elle avait appris la nouvelle de l'accident.

Mais à la fin de chaque strophe, l'histoire reprenait son cours et la mélodie donnait à Odile du courage. Alors, tout doucement, elle avait changé sa manière de chanter.

Mon petit oiseau,
Veux-tu te soigner ?
Veux-tu te, à la volette
Veux-tu te, à la volette
Veux-tu te soigner ?

Maintenant Odile chante harmonieusement. Le moment de bégayement est devenu une partie du chant aussi mélodieuse que les autres. Sa voix cherche tout au fond d'elle-même des sentiments qui gomment la cassure. Le chant qui l'amène tout près d'Antonin et de sa cachette mystérieuse l'amène aussi plus près de Vincent dont elle redécouvre l'amour après quinze ans de mariage. Et d'Enzo qui lutte dans son étrange labyrinthe. Et de la petite fille qu'elle a été, une Odile de sept ans en robe à fleurs qui sautait sur un pied dans la cour de ses parents en chantant *à la volette.*

Toute sa vie se concentre dans son chant. Et son chant devient de plus en plus beau.

VII

Vincent lave le dernier verre, le pose, le reprend, le remplit d'eau, le vide, le relave, l'essuie, le range.

La cuisine est parfaitement propre. Il n'y a plus rien à faire.

Vincent se poste devant la fenêtre et regarde la nuit. Il attend. Il tourne en rond. Et puis, il se décide. Il éteint la lumière, traverse le couloir et va frapper à la porte d'Enzo.

*

Quand son père est rentré dans la chambre, Enzo a vite pressé la commande qui fait apparaître le tableau des scores. Le tableau des scores est plein de noms, de chiffres et du nombre de points nécessaires pour se procurer certaines qualités. C'est presque sérieux, un adulte qui n'est pas au courant pourrait ne pas voir qu'il s'agit d'un jeu vidéo.

Mais cette fois, Vincent n'était pas venu pour gronder Enzo ou pour lui demander d'éteindre l'ordinateur.

Il a juste dit « Tu permets ? », il a pris une chaise et il s'est assis à côté de son fils.

Comme Enzo hésitait, immobile, les poignets posés sur le bord du bureau, il a rajouté « Vas-y ! »

Alors Enzo a lentement bougé sa main et frappé sur une touche. Le tableau des scores a disparu. Et Enzo a repris le jeu, sous le regard de son père.

Il regarde l'écran et actionne les touches. Il ne parle pas.

Vincent non plus.

Mais Enzo sait bien que le regard de son père va de l'écran à lui, de lui à l'écran.

Vincent regarde le héros, il regarde le monstre, il regarde son fils.

Il regarde la bataille entre le monstre, le héros et Enzo.

Il ne dit rien. Il ne pose pas de questions. Il voit comme Enzo le sang qui gicle lorsque le héros s'empare d'un char. Il voit aussi comment Enzo est touché par le monstre, comment Enzo s'active avec ses dernières forces pour survivre, comment l'écran se décolore et Enzo, résigné, relance le jeu avec une nouvelle vie.

Vincent reste pendant plus de trois heures. Il reste jusqu'à ce que le monstre s'écroule enfin dans un nuage de poussière, et que le héros triomphe.

Enzo ferme le jeu, éteint l'ordinateur et attend, sans bouger, épuisé. Vincent se lève. C'est la première fois depuis l'accident d'Antonin qu'ils se regardent dans les yeux.

« Foutues trois heures passées devant un écran, cela vous flingue les pupilles ! » s'exclame Enzo en essuyant avec sa manche les larmes qui remplissent maintenant ses yeux.

VIII

À travers la grande fenêtre de l'hôpital, la nuit s'éclaircit, se déchire, fait place à l'aurore.

Je veux me soigner,
Et me marier
Et me ma, à la volette
Et me ma, à la volette
Et me marier.

Près d'elle, sur le lit, les ombres de la nuit et du jour ont fini de lutter. Odile chante pour la dernière fois sa chanson.

Me marier bien vite
Sur un oranger
Sur un o, à la volette
Sur un o, à la volette
Sur un oranger.

La boucle est bouclée. L'oiseau est de retour sur son oranger et sur le lit, il semble à Odile qu'Antonin commence à bouger.

IX

C'est le matin. La joue sur l'oreiller, les jambes pliées autour de sa couette, Enzo a encore les yeux fermés. Il a presque atteint son but, rempli sa mission, son héros est arrivé sur le plus haut immeuble de la ville. Vu d'ici, tout paraît calme et paisible. Il étend les bras et se met à voler. Dos droit, jambes tendues, bras écartés, il plane au-dessus de la ville. Dans son dos, le foulard rouge d'Antonin claque au vent comme une cape.

Au loin, il y a une cible qu'il doit atteindre, un bassin entouré de murs hauts dans lequel il doit plonger. Il peut se fracasser ou atteindre le centre qui lui permettra d'entrer dans d'autres dimensions.

Enzo va plonger et après, il renaîtra. On a plusieurs vies. Même si on n'oublie pas, même si la touche «Reset» n'existe pas, même si on ne recommence jamais tout à fait à zéro, on a quand même plusieurs vies.

Il prend son élan. Il va plonger et ressortir de l'autre côté.

Un bruit de sonnerie retentit.

Enzo ouvre les yeux, rejette ses couvertures, se lève, prêt à affronter le jour qui vient.

Catherine Grabowski est née à Colmar (Alsace) en 1971.
Après avoir passé son baccalauréat au Lycée Franco-Allemand de Fribourg en Brisgau, elle a fait des études à Paris. Elle a enseigné le français à de jeunes Allemands et l'allemand à de jeunes Français avant de se lancer dans l'écriture de manuels scolaires.
Elle est l'auteur de plusieurs histoires courtes, d'une pièce de théâtre et d'un roman.
Elle n'est pas fan de jeux vidéo, mais aime bien regarder par-dessus l'épaule des joueurs de son entourage parce que regarder quelqu'un qui joue, c'est un peu comme lire ses rêves.
Son site web s'appelle
www.sachons-planter-des-clous.net

Nouvelle Bibliothèque Junior

Catherine Grabowski • **Le Duel avec le monstre**

Herausgeber	Thilo Karger, Klaus Mengler
Vokabelannotationen	Thilo Karger
Verlagsredaktion	Corinna Martin-Werner
Gesamtgestaltung und technische Umsetzung	Buchgestaltung +, Berlin
Umschlagillustration	Corvin Stichert www.corvinstichert.daportfolio.com

www.cornelsen.de

1. Auflage, 3. Druck 2023

Alle Drucke dieser Auflage sind inhaltlich unverändert und können im Unterricht nebeneinander verwendet werden.

Druck: Esser printSolutions GmbH, Bretten

ISBN 978-3-06-023395-3

PEFC
PEFC/04-31-2851

PEFC-zertifiziert
Dieses Produkt stammt aus nachhaltig bewirtschafteten Wäldern und kontrollierten Quellen
www.pefc.de

Vocabulaire

Le Duel avec le monstre

Die deutsche Entsprechung der Vokabeln bezieht sich meist auf den Kontext der Erzählung und entspricht nicht immer der Hauptbedeutung.

A

accompagner begleiten
actionner betätigen
s'**activer** sich eifrig betätigen
l'**affection** *f.* die Zuneigung
afficher anzeigen
affronter die Stirn bieten
l'**aide maternelle** *f.* Betreuerin in einer Kindertagesstätte (école maternelle)
l'**aile** *f.* der Flügel
l'**aire de jeu** *f.* der Spielplatz
alerter warnen, alarmieren
être **allongé/e** ausgestreckt liegen
l'**ambulance** *f.* der Krankenwagen
l'**ambulancier** *m.* der Rettungssanitäter
amener mitnehmen
l'**amoureux** *m.* der Geliebte
l'**ange** *m.* der Engel
l'**apocalypse** *f.* der Weltuntergang
apparaître erscheinen
l'**arme** *f.* die Waffe

sans **arrêt** ohne Unterlass
arrêter aufhören
s'**arrêter** anhalten, stehenbleiben
à l'**arrière** im Hintergrund
assassiner umbringen
atteindre erreichen
atteint/e angegriffen
être en **attente** warten
attraper fangen
aucun/e ... ne kein/e
au-dessus de über
l'**aurore** *f.* die Morgendämmerung
avancer vorrücken; vorankommen

B

balbutier stammeln
la **barrière** die Einzäunung
basculer umkippen
le **bassin** das Becken
la **bataille** die Schlacht
bégayer stottern
le **bidon** der Kanister
la **bille** die Murmel
(se) **blesser** (sich) verletzen
la **boîte** die Schachtel
le **bond** der Sprung
bondir springen
le **bord** der Rand
la **bouche** der Mund
la **boucle est bouclée** der Kreis schließt sich
bouger sich bewegen
le **bouillon** die (Fleisch-)Brühe
la **boule** der Haufen
au **bout de** nach
jusqu'au **bout** bis zum Ende
la **branche** der Ast
se **briser** brechen
le **bruit** der Lärm, das Geräusch
brûlant/e kochend heiß

C

la **cachette** das Versteck

en **cachette** heimlich
le **camion** der Lastwagen
la **cape** der Umhang
la **carcasse** das Wrack
se **casser** brechen
la **cassure** die (innere) Bruchstelle
les **céréales** *f. pl.* die Cornflakes
le **char** der Panzer
faire des **chatouilles** kitzeln
la **chaussée** die Fahrbahn
le **chevalier** der Ritter
le **choc** der Schock; der Zusammenstoß
la **cible** das Ziel
claquer au vent im Wind flattern
le **clavier** die Tastatur
le passage **clouté** der Fußgängerüberweg
le **code** die Funktionstaste; der Code
le **col** der Kragen
la **commande** der Befehl, die Steuerung
comme da, weil
la **conductrice** die Fahrerin
contaminer verseuchen
le **cordon ombilical** die Nabelschnur
le **corps** der Körper
le **côté** die Seite
le **cou** der Hals
la **couette** die Bettdecke
le **couloir** der Gang, der Flur
le **coup de poing** der Faustschlag
couper abstellen
le **courage** der Mut
la **couverture** die Decke
crispé/e verkrampft
le **croisement** die Kreuzung
culbuter (kopfüber) stürzen

D

débarrasser abräumen
le **décalage** die Verzögerung
se **déchirer** aufreißen
le **décolleté** der (tiefe) Ausschnitt
se **décolorer** die Farbe verlieren
délicieux/-euse köstlich
le **dépotoir** die Müllhalde
depuis que seit, seitdem
dérouler abwickeln
le **désert** die Wüste
dès que sobald
en **dessous** unterhalb
dévoiler verraten, preisgeben
disparaître verschwinden
la **dizaine** etwa zehn
le **doigt** der Finger
dont vor dem, für den
le **dos** der Rücken
doucement bedächtig, langsam
les **draps** *m. pl.* die Bettwäsche
le **droit** das Recht
droit/e gerade, durchgedrückt

E

à l'**écart de** abseits von
écarter ausbreiten
s'**échapper** entwischen; herauskommen
l'**écharpe** *f.* der Schal
s'**éclaircir** heller werden
éclairer erleuchten
éclater de rire in Lachen ausbrechen
écrabouiller zerquetschen
l'**écran** *m.* der Bildschirm
s'**écrouler** zusammenbrechen
l'**élan** *m.* der Schwung
embêter ärgern
emmener mitnehmen

empaler aufspießen
s'**emparer** an sich reißen
empêcher hindern
enfermé/e eingesperrt
enfiler anziehen
enfoncer une piqûre eine Spritze geben
s'**enfuir** weglaufen, fliehen
entier/-ière ganze/r/s
entouré/e umgeben
entraîner mit sich nehmen
épuisé/e erschöpft
errer umherirren, umherschweifen
l'**espoir** *m.* die Hoffnung
l'**essence** *f.* das Benzin
essuyer abtrocknen
éteindre ausmachen, löschen
étendre ausbreiten
étrange unheimlich
s'**évanouir** verschwinden
éventré/e aufgerissen
s'**exclamer** ausrufen
exorbité/e weit aufgerissen
l'**extrémité** *f.* das äußerste Ende

F

qu'il **fasse** dass er macht
la **ferraille** der Schrott
fichu/e futsch
le **fil** der Faden
filer verschwinden
la **flèche** der Pfeil
flinguer les pupilles die Augen kaputt machen
flotter flattern
au **fond de** innen drin
la **force** die Kraft
se **forcer** sich zwingen
le **foulard** der Schal
foutu/e futsch
se **fracasser** zerschellen
frapper klopfen, schlagen
le **frein** die Bremse
la **fumée** der Rauch

G

le **gène** das Gen
le **genou** das Knie
gérer managen
gicler spritzen
gommer ausradieren
la **gorge** der Hals
gravement schwer
grimper (hinauf-)klettern
gronder ausschimpfen
les **gyrophares** *m.pl.* das Blaulicht

H

l'**héroïne** *f.* die Heldin
hésiter zögern
horrifié/e voller Entsetzen

I

ignorer nicht beachten
immobile bewegungslos
imploser zusammenbrechen
inanimé/e leblos
l'**index** *m.* der Zeigefinger
l'**infirmière** *f.* die Krankenschwester
interdire verbieten
inutile nutzlos

J

se **jeter** sich stürzen
le **jeu** das Spiel
les **jeux** *m.pl.* die Spielgeräte
la **joue** die Wange
joyeux/-euse fröhlich

L

lâcher prise loslassen
lancer zuwerfen
se **lancer** losstürzen
la **larme** die Träne
le **liquide** die Flüssigkeit
lorsque als
lutter kämpfen

M

mâcher kauen

la **maîtresse** die Lehrerin, die Erzieherin
la **manche** der Ärmel
le **manteau** der Mantel
marcher funktionieren
le **mariage** die Ehe
se **marier** heiraten
marmonner brummeln
se **méfier** misstrauen
mener führen
le **meuble** das Möbelstück
au **milieu de** in der Mitte von
monstrueux/-euse grässlich
mort/e tot
moulant/e eng anliegend
mourir sterben

N

narguer sich lustig machen
à **nouveau** / de **nouveau** wieder
la **nouvelle** die Nachricht
le **nuage** die Wolke

O

l'**oiseau** *m.* der Vogel
l'**ombre** *f.* der Schatten
l'**oranger** *m.* der Orangenbaum
l'**oreiller** *m.* das Kopfkissen

P

paisible friedlich
paraître (er)scheinen
par lequel durch den
de ma **part** von mir
la **partie** der Teil; die (Spiel-)Runde
le **paysage** die Landschaft
la **pelote** das Knäuel
se **pencher** sich beugen
la **périphérie** der Stadtrand
personne ne ... niemand
le **piéton** der Fußgänger

la **pique** der Spieß
la **piqûre** die Spritze
le **plaisir** der Spaß
planer gleiten
le **plat** die Speise, das Gericht
plein/e de voll von
plié/e gebeugt
plonger (ein-)tauchen
le **poignet** das Handgelenk
la **poitrine** die Brust, der Busen
le **pompier** der Feuerwehrmann
se **poster** sich aufstellen, sich hinstellen
la **poussière** der Staub
prêt/e bereit, fertig
se **procurer** sich beschaffen
profiter ausnutzen
profondément tief
progresser voran-kommen
propre sauber
puissant/e kräftig, mächtig
qu'il **puisse** dass er kann

Q

quelque part irgendwo
la **queue de cheval** der Pferdeschwanz
le **quotidien** der Alltag

R

rajouter hinzufügen
ralentir le pas den Schritt verlangsamen
le **rang** der Status, der Zustand
rapide schnell
rater verfehlen
rayé/e zerkratzt
recharger aufladen
refuser sich weigern
rejeter zurückwerfen
relancer neu starten
relier verbinden
remplir (er-)füllen

renaître wiedergeboren werden
se **rendre compte** sich bewusst werden
C'est **reparti !** Es geht wieder von vorne los!
reprendre wieder aufnehmen; wieder erlangen
respirer atmen
ressortir wieder herauskommen
retenir aufhalten
retentir ertönen
être de **retour** zurück sein
se **retourner** sich umdrehen
réussir schaffen, gelingen
se **réveiller** aufwachen
le **rideau** der Vorhang
rire lachen
rugueux/-euse rau

S

le **sable** der Sand
la **salive** der Speichel
saluer (be-)grüßen
le **sang** das Blut
sauter springen
sauver retten
le **score** der Spielstand
sec/sèche trocken
secouer schütteln
les **secours** *m. pl.* die Erste Hilfe
faire **semblant** tun als ob
sembler scheinen
semer verbreiten
le **sens** die Richtung
le **sentiment** das Gefühl
se **servir** benutzen
signifier bedeuten
soigner pflegen; sorgfältig zubereiten
qu'il **soit** dass er ist
le **sol** der Boden
solitaire einsam
le **son** der Ton
la **sonnerie** das Geläut

la **sonnette** die Klingel
le **souci** die Sorge
soudain plötzlich
sourd/e dumpf
sourire lächeln
le **square** die Grünanlage
la **station-service** die Tankstelle
il **suffit** es genügt
suivre folgen
surgir aus dem Boden schießen
surveiller überwachen
survivre überleben

T

taper tippen
tard spät
le **tas** der Haufen
tendu/e angespannt
tirer schießen
tisser des ponts Brücken bauen
le **toboggan** die Rutsche
le **toit** das Dach
tordre verstauchen
se **tortiller** sich winden
la **touche** die Taste
tourner (sich) drehen, verdrehen
tournoyer kreisen
toxique giftig
à **travers** durch
se mettre en **travers** sich schräg stellen
en **travers de** quer über
trébucher stolpern
trembler zittern
tricoter stricken
la **troupe** die Gruppe
le **troupeau** die Herde
tuer töten

V

la **vague** die Welle
le terrain **vague** das unbebaute Gelände
il **vaut mieux** es ist besser
le **véhicule** das Fahrzeug
le **ventre** der Bauch
la **victime** das Opfer

vider leeren
la **vie** das Leben
violemment mit Gewalt
le **visage** das Gesicht
l'énergie **vitale** die Lebensenergie
la **vitesse** die Schnelligkeit
vivre leben
la **voix** die Stimme
prendre sa **volée** wegfliegen
voler fliegen
à la **volette** flatternd

Z

Zut ! Verflixt!

Mon petit oiseau